Fediverso

A nova geração das redes sociais.

MARCOS GUILHERME

Índice

Capítulo 1: Fundamentos do Fediverso   5
Capítulo 2: Ecossistema de Plataformas   8
Capítulo 3: Cultura e Comunidades   11
Capítulo 4: Privacidade e Segurança   14
Capítulo 5: Desafios e Oportunidades   17
Capítulo 6: Impacto Social e Cultural   21
Capítulo 7: Rumo ao Futuro do Fediverso   27

INTRODUÇÃO:

Nas últimas décadas, as redes sociais se tornaram uma parte integral de nossas vidas, transformando a maneira como nos conectamos, compartilhamos informações e interagimos com o mundo ao nosso redor. No entanto, o modelo centralizado adotado pela maioria das plataformas tradicionais trouxe consigo uma série de preocupações, desde questões relacionadas à privacidade até problemas de moderação de conteúdo e controle de dados. Diante desses desafios, surge uma alternativa promissora: o Fediverso.

O Fediverso representa uma nova geração das redes sociais, fundamentada em princípios de descentralização, interoperabilidade e autonomia do usuário. Ao contrário das plataformas centralizadas, onde o controle é exercido por um único entidade, o Fediverso é composto por uma rede de instâncias independentes, interconectadas por meio de protocolos abertos, como o ActivityPub. Isso permite que os usuários escolham a instância que melhor se alinha com seus interesses e valores, ao mesmo tempo em que podem se comunicar e interagir com usuários de outras instâncias.

Neste livro, exploraremos em detalhes o fenômeno do Fediverso: suas origens, tecnologias subjacentes, plataformas líderes, cultura e comunidades vibrantes.

Analisaremos os benefícios da descentralização para a privacidade e segurança dos usuários, assim como os desafios enfrentados pelo Fediverso, desde questões de moderação de conteúdo até questões de sustentabilidade financeira. Além disso, examinaremos o impacto social e cultural do Fediverso e vislumbraremos o futuro dessa emocionante nova geração das redes sociais.

Ao longo deste livro, convido você a mergulhar conosco nessa jornada pelo Fediverso, explorando suas nuances, desafios e potenciais transformadores. Em um mundo cada vez mais conectado digitalmente, o Fediverso emerge como uma alternativa vibrante e progressista, prometendo redefinir nossa experiência nas redes sociais e moldar o futuro da comunicação online.

Capítulo 1: Fundamentos do Fediverso

No cerne do Fediverso reside uma abordagem revolucionária para a construção de redes sociais online. Este capítulo explora os fundamentos essenciais que moldam essa nova geração de plataformas digitais, desde seus protocolos técnicos até seus princípios filosóficos.

- **Protocolos Descentralizados**

O Fediverso se baseia em protocolos descentralizados que permitem a comunicação entre diferentes instâncias e plataformas. O ActivityPub é o protocolo central, permitindo que usuários de diferentes servidores interajam e compartilhem conteúdo de forma federada. Outros protocolos, como WebFinger e OStatus, também desempenham papéis importantes na interoperabilidade do Fediverso.

- **Princípios de Descentralização e Interoperabilidade**

A descentralização é um dos pilares fundamentais do Fediverso. Em contraste com as redes sociais centralizadas, onde uma única entidade controla a plataforma, no Fediverso, as instâncias são autônomas e independentes. Isso não só promove a diversidade e a liberdade de expressão, mas também torna o sistema mais resiliente a falhas e censura. A interoperabilidade é outro aspecto crucial, permitindo que usuários de diferentes plataformas se conectem e interajam sem barreiras.

Capítulo 1: Fundamentos do Fediverso

- Autonomia do Usuário

Um dos princípios centrais do Fediverso é a autonomia do usuário. Em contraste com as plataformas centralizadas, onde os usuários estão sujeitos às políticas e práticas da empresa que controla a plataforma, no Fediverso, os usuários têm maior controle sobre sua experiência. Eles podem escolher uma instância que reflita seus valores e preferências, e podem até mesmo hospedar sua própria instância se desejarem.

- **Privacidade e Segurança**

A privacidade e a segurança dos usuários são prioridades no Fediverso. Como as instâncias são autônomas, os usuários têm maior controle sobre seus dados e comunicações. Além disso, a criptografia ponta a ponta e outras medidas de segurança são frequentemente implementadas para proteger a privacidade dos usuários.

- Inovação e Experimentação

A natureza descentralizada do Fediverso promove a inovação e a experimentação. Com uma variedade de plataformas e comunidades, os usuários têm a liberdade de explorar novas formas de interação social e experimentar novos modelos de governança e organização.

Capítulo 1: Fundamentos do Fediverso

Neste capítulo, estabelecemos os alicerces do Fediverso, explorando os princípios e protocolos que o tornam uma alternativa tão promissora para as redes sociais centralizadas. Nos capítulos subsequentes, mergulharemos mais fundo nas diversas facetas desse ecossistema digital em constante evolução.

Capítulo 2: Ecossistema de Plataformas

O Fediverso é composto por uma diversidade de plataformas interconectadas que compartilham os princípios de descentralização e interoperabilidade. Este capítulo explora as principais plataformas que compõem esse ecossistema vibrante, destacando suas características distintivas, comunidades e contribuições para a diversidade do Fediverso.

- **Mastodon: O Pioneiro do Microblogging Descentralizado**

Mastodon é uma das plataformas mais proeminentes do Fediverso, conhecida por seu modelo de microblogging descentralizado. Inspirado no Twitter, o Mastodon oferece uma interface familiar aos usuários, permitindo postagens curtas, interação por meio de curtidas e repostagens, e a capacidade de seguir outros usuários. No entanto, sua estrutura descentralizada permite que os usuários escolham entre uma variedade de instâncias, cada uma com sua própria comunidade e cultura.

- **Pleroma: Leve e Personalizável**

Pleroma é outra plataforma popular do Fediverso, conhecida por sua leveza e flexibilidade. Construída com um foco na eficiência de recursos, o Pleroma permite que os usuários hospedem instâncias em servidores de baixo custo, enquanto ainda desfrutam de recursos robustos de interação social.

Capítulo 2: Ecossistema de Plataformas

Além disso, sua arquitetura modular permite uma personalização extensiva, possibilitando que os administradores adaptem suas instâncias às necessidades específicas de sua comunidade.

- **PeerTube: Compartilhamento de Vídeos sem Censura**

PeerTube é uma plataforma de compartilhamento de vídeos descentralizada que oferece uma alternativa à centralização do YouTube. Com base em protocolos como o ActivityPub e o WebTorrent, o PeerTube permite que os usuários hospedem e compartilhem vídeos em uma variedade de instâncias independentes. Isso não apenas reduz a dependência de grandes empresas de tecnologia, mas também promove a diversidade de conteúdo e protege contra a censura.

- **PixelFed: Rede Social de Imagens Descentralizada**

PixelFed é uma plataforma semelhante ao Instagram, oferecendo aos usuários a capacidade de compartilhar imagens e vídeos de forma descentralizada. Com uma interface intuitiva e recursos familiares aos usuários de plataformas centralizadas, o PixelFed atrai aqueles que buscam uma alternativa mais privada e controlada aos serviços de mídia social tradicionais.

Capítulo 2: Ecossistema de Plataformas
- **Outras Plataformas e Iniciativas**

Além das plataformas mencionadas, o Fediverso é composto por uma variedade de outras iniciativas e projetos, cada uma contribuindo para a diversidade e o ecossistema em constante expansão. Isso inclui redes sociais especializadas em nichos específicos, como musicais, acadêmicos, ativistas e muitos outros.

Neste capítulo, mergulhamos na variedade de plataformas que compõem o Fediverso, destacando suas características únicas e o papel fundamental que desempenham na criação de uma alternativa descentralizada e diversificada ao panorama das redes sociais centralizadas. Nos capítulos subsequentes, exploraremos mais a fundo as comunidades, cultura e impacto social do Fediverso.

Capítulo 3: Cultura e Comunidades

O Fediverso não é apenas uma rede de plataformas descentralizadas; é também uma rica tapeçaria de comunidades diversas, cada uma com sua própria cultura, valores e identidade. Neste capítulo, exploramos a vibrante cultura do Fediverso e as comunidades únicas que o compõem.

- **Diversidade e Inclusão**

Uma das características mais marcantes do Fediverso é sua diversidade. Aqui, usuários de todas as origens, identidades e perspectivas se reúnem para compartilhar ideias, arte, música e muito mais. A descentralização e a autonomia do usuário permitem que comunidades específicas floresçam, criando espaços acolhedores e inclusivos para grupos historicamente marginalizados.

- **Autenticidade e Liberdade de Expressão**

No Fediverso, a autenticidade é valorizada e a liberdade de expressão é protegida. Ao contrário das redes sociais centralizadas, onde o conteúdo é frequentemente filtrado e moderado de acordo com as políticas da empresa, no Fediverso, os usuários têm maior controle sobre o que veem e compartilham. Isso cria um ambiente onde os indivíduos podem se expressar livremente, sem medo de censura ou repressão.

Capítulo 3: Cultura e Comunidades

- **Respeito Mútuo e Colaboração**

A cultura do Fediverso é fundamentada no respeito mútuo e na colaboração. Aqui, os usuários se engajam em discussões construtivas, trocam ideias e aprendem uns com os outros. A diversidade de perspectivas e experiências enriquece a comunidade, incentivando a empatia, o entendimento e a solidariedade.

- **Criatividade e Arte**

O Fediverso é um viveiro de criatividade e arte. De ilustrações e música a poesia e animação, os usuários compartilham uma variedade de formas de expressão criativa. A descentralização e a autonomia do usuário permitem que artistas e criadores alcancem públicos mais amplos, sem depender de algoritmos ou gatekeepers corporativos.

- **Desafios e Oportunidades**

Apesar de suas muitas virtudes, o Fediverso enfrenta desafios significativos. A moderação de conteúdo, a sustentabilidade financeira e a governança comunitária são apenas algumas das questões que requerem atenção. No entanto, esses desafios também apresentam oportunidades para inovação e crescimento, à medida que a comunidade trabalha em conjunto para resolver problemas e fortalecer o Fediverso.

Capítulo 3: Cultura e Comunidades

Neste capítulo, mergulhamos na rica cultura do Fediverso e nas diversas comunidades que o tornam um espaço único e vibrante na paisagem das redes sociais online. Nos capítulos seguintes, exploraremos mais a fundo os desafios e oportunidades enfrentados pelo Fediverso, bem como seu impacto social e cultural.

Capítulo 4: Privacidade e Segurança

A preocupação com a privacidade e segurança dos dados dos usuários é central no Fediverso. Neste capítulo, examinamos as medidas adotadas para proteger a privacidade dos usuários e garantir a segurança das suas interações dentro dessa rede descentralizada.

- **Controle dos Dados Pessoais**

Uma das vantagens do Fediverso é a capacidade dos usuários de terem maior controle sobre seus próprios dados pessoais. Ao contrário das plataformas centralizadas, onde os dados dos usuários são frequentemente coletados e monetizados, no Fediverso, os usuários têm a liberdade de escolher instâncias que respeitem sua privacidade e garantam que seus dados não sejam compartilhados sem seu consentimento.

- **Criptografia e Segurança de Dados**

A criptografia desempenha um papel fundamental na proteção da privacidade e segurança dos dados no Fediverso. Muitas plataformas implementam criptografia de ponta a ponta para garantir que as comunicações entre os usuários sejam seguras e privadas. Além disso, medidas adicionais de segurança, como autenticação de dois fatores e armazenamento seguro de dados, são frequentemente empregadas para proteger contra ameaças externas.

Capítulo 4: Privacidade e Segurança

- **Transparência e Auditoria**

A transparência é um princípio fundamental no Fediverso. As instâncias são incentivadas a serem transparentes em relação às suas políticas de privacidade, práticas de coleta de dados e processos de moderação de conteúdo. Além disso, auditorias regulares podem ser realizadas para garantir que as instâncias estejam em conformidade com os padrões de privacidade e segurança estabelecidos pela comunidade.

- **Moderação de Conteúdo Responsável**

A moderação de conteúdo é uma parte essencial da manutenção de um ambiente seguro e saudável no Fediverso. No entanto, é importante que a moderação seja realizada de forma responsável, respeitando os direitos dos usuários à liberdade de expressão. As instâncias podem adotar políticas claras de moderação e implementar processos transparentes para lidar com conteúdo que viole essas políticas.

- **Educação e Conscientização dos Usuários**

Além das medidas técnicas de segurança, é importante educar os usuários sobre práticas seguras de uso da rede. Isso pode incluir orientações sobre como configurar a privacidade de suas contas, reconhecer ameaças de segurança e proteger suas informações pessoais contra acesso não autorizado.

Capítulo 4: Privacidade e Segurança

Neste capítulo, examinamos as práticas e políticas que garantem a privacidade e segurança dos usuários no Fediverso. A implementação de medidas robustas de proteção de dados e a promoção da transparência e educação dos usuários são fundamentais para manter a confiança e integridade dessa rede descentralizada.

Capítulo 5: Desafios e Oportunidades

O Fediverso, apesar de suas vantagens e promessas, enfrenta uma série de desafios à medida que continua a crescer e evoluir. Este capítulo examina os principais desafios enfrentados pelo Fediverso, ao mesmo tempo em que destaca as oportunidades de inovação e crescimento que surgem desses desafios.

- **Moderação de Conteúdo**

Um dos desafios mais prementes do Fediverso é a moderação de conteúdo. Dada a natureza descentralizada da rede, as instâncias individuais são responsáveis por moderar o conteúdo hospedado em seus servidores. Isso pode ser uma tarefa difícil, especialmente quando se trata de conteúdo nocivo ou ilegal. Encontrar um equilíbrio entre manter a liberdade de expressão e proteger os usuários contra abusos é um desafio contínuo para a comunidade do Fediverso.

- **Sustentabilidade Financeira**

Outro desafio significativo é garantir a sustentabilidade financeira das instâncias do Fediverso. Muitas instâncias são financiadas por doações voluntárias dos usuários ou por meio de assinaturas pagas. No entanto, garantir uma fonte de financiamento estável e confiável pode ser difícil, especialmente para instâncias menores ou menos conhecidas. Encontrar modelos de financiamento sustentáveis que permitam às instâncias operar de forma independente e contínua é essencial para o crescimento e a estabilidade do Fediverso.

Capítulo 5: Desafios e Oportunidades

- **Governança e Tomada de Decisões**

A governança e a tomada de decisões são áreas que exigem atenção dentro do Fediverso. Com uma rede descentralizada, não há uma autoridade central para estabelecer diretrizes ou resolver disputas. Em vez disso, as decisões são frequentemente tomadas de forma colaborativa pela comunidade. Isso pode levar a desafios de coordenação e consenso, especialmente quando se trata de questões polêmicas ou controversas. Desenvolver estruturas de governança eficazes e processos de tomada de decisão transparentes é essencial para garantir que o Fediverso continue a prosperar como uma comunidade autônoma e autossustentável.

- **Escalabilidade e Desempenho**

À medida que o Fediverso continua a crescer em tamanho e popularidade, questões de escalabilidade e desempenho se tornam cada vez mais importantes. Garantir que a infraestrutura subjacente possa lidar com o aumento da demanda e do tráfego é essencial para evitar interrupções e garantir uma experiência positiva do usuário. Isso pode exigir investimentos em hardware e tecnologia, bem como otimizações de código e arquitetura de software.

Capítulo 5: Desafios e Oportunidades

- **Oportunidades de Inovação e Crescimento**

Apesar dos desafios, o Fediverso também apresenta uma série de oportunidades empolgantes para inovação e crescimento. A descentralização e a interoperabilidade oferecem um terreno fértil para a experimentação e o desenvolvimento de novas ideias e tecnologias. Além disso, a diversidade de comunidades e perspectivas no Fediverso cria oportunidades para colaboração e aprendizado mútuo. Ao enfrentar os desafios com criatividade e resiliência, o Fediverso está bem posicionado para continuar a crescer e evoluir como uma alternativa vibrante e progressista às redes sociais centralizadas.

Neste capítulo, examinamos os desafios e oportunidades enfrentados pelo Fediverso à medida que continua a se desenvolver e expandir. Ao enfrentar esses desafios de frente e aproveitar as oportunidades de inovação, a comunidade do Fediverso está construindo um futuro promissor e inclusivo para as redes sociais online.

Capítulo 6: Impacto Social e Cultural

O Fediverso não é apenas uma rede de plataformas de mídia social; é um fenômeno cultural que está moldando a forma como nos conectamos, compartilhamos informações e interagimos online. Neste capítulo, examinamos o impacto social e cultural do Fediverso, explorando suas influências na sociedade contemporânea e sua capacidade de promover mudanças positivas.

- **Empoderamento e Autonomia do Usuário**

Uma das principais contribuições do Fediverso para o cenário das redes sociais é seu papel na promoção do empoderamento e da autonomia do usuário. Ao descentralizar o controle das plataformas e dar aos usuários maior controle sobre suas próprias experiências online, o Fediverso capacita os indivíduos a se tornarem participantes ativos na construção de suas próprias comunidades e espaços online.

- **Diversidade e Inclusão**

O Fediverso é um espaço diversificado e inclusivo, onde pessoas de todas as origens, identidades e perspectivas são bem-vindas. Essa diversidade é uma de suas maiores forças, permitindo que os usuários se conectem com outros que compartilham seus interesses e experiências, enquanto são expostos a uma ampla gama de ideias e opiniões que podem expandir seus horizontes.

Capítulo 6: Impacto Social e Cultural

- **Ativismo e Mudança Social**

O Fediverso tem sido um terreno fértil para o ativismo e a mudança social, oferecendo às comunidades uma plataforma para organizar, mobilizar e promover causas importantes. De campanhas de conscientização e arrecadação de fundos a protestos e manifestações, o Fediverso tem sido palco de uma série de iniciativas que buscam criar um mundo mais justo e equitativo.

- **Arte e Criatividade**

A criatividade floresce no Fediverso, onde os usuários compartilham uma ampla variedade de formas de expressão artística, desde ilustrações e música até poesia e animação. A descentralização e a autonomia do usuário permitem que artistas e criadores alcancem públicos mais amplos e encontrem comunidades que valorizam seu trabalho, promovendo um ambiente vibrante e colaborativo para a criação e apreciação da arte.

- **Consciência Digital e Literacia Mediática**

O Fediverso também desempenha um papel importante na promoção da consciência digital e da literacia mediática. Ao incentivar os usuários a questionar as práticas das plataformas centralizadas e a entender os princípios subjacentes da descentralização e da privacidade, o Fediverso ajuda a construir uma comunidade de usuários informados e capacitados, capazes de tomar decisões conscientes sobre sua presença online.

Capítulo 6: Impacto Social e Cultural

Neste capítulo, exploramos o impacto profundo que o Fediverso está tendo na sociedade e na cultura contemporâneas. Ao capacitar os usuários, promover a diversidade e inclusão, e servir como um catalisador para o ativismo e a mudança social, o Fediverso está se destacando como uma alternativa dinâmica e progressista às redes sociais centralizadas.

Capítulo 7: Rumo ao Futuro do Fediverso

Este capítulo se volta para o horizonte, explorando as direções futuras do Fediverso à medida que continua a evoluir e crescer. Desde inovações tecnológicas até desafios emergentes e oportunidades de expansão, examinamos o que o futuro reserva para essa rede descentralizada de mídia social.

- **Inovações Tecnológicas**

O futuro do Fediverso será moldado por avanços contínuos em tecnologias descentralizadas e protocolos de comunicação. Novas inovações, como melhorias na escalabilidade e eficiência, novos protocolos de comunicação e a integração de tecnologias emergentes, como blockchain, têm o potencial de transformar ainda mais o Fediverso e expandir suas capacidades.

- **Expansão e Crescimento da Comunidade**

À medida que mais pessoas se conscientizam das vantagens do Fediverso em termos de privacidade, segurança e liberdade de expressão, podemos esperar uma expansão contínua da comunidade. Novos usuários, instâncias e comunidades se juntarão ao Fediverso, enriquecendo ainda mais sua diversidade e promovendo uma cultura de colaboração e inclusão.

Capítulo 7: Rumo ao Futuro do Fediverso

- **Desafios Emergentes**

No entanto, o crescimento do Fediverso também trará novos desafios. Questões como escalabilidade, moderação de conteúdo, governança e sustentabilidade financeira continuarão a ser áreas de foco à medida que a comunidade busca enfrentar esses desafios de forma proativa e construtiva.

- **Adoção Mainstream**

À medida que o Fediverso amadurece e se torna mais acessível e fácil de usar, podemos esperar uma maior adoção mainstream. À medida que mais pessoas optam por se afastar das plataformas centralizadas em busca de alternativas mais éticas e seguras, o Fediverso pode se tornar uma parte integrante do cenário de mídia social online.

- **Visão de Longo Prazo**

No longo prazo, o Fediverso tem o potencial de não apenas redefinir as redes sociais online, mas também de influenciar a forma como concebemos e interagimos com a internet como um todo. Ao promover uma cultura de descentralização, liberdade e inclusão, o Fediverso pode inspirar mudanças mais amplas no panorama digital, moldando um futuro mais democrático e participativo para a sociedade como um todo.

Capítulo 7: Rumo ao Futuro do Fediverso

Neste capítulo, olhamos para frente, imaginando o potencial ilimitado do Fediverso à medida que continua a trilhar seu caminho rumo ao futuro. Com inovação, colaboração e compromisso com seus princípios fundamentais, o Fediverso está preparado para desempenhar um papel significativo na construção de um mundo online mais justo, aberto e inclusivo para todos.

Alternativas já existem para as principais plataformas

Atualmente, o grande desafio das redes sociais baseadas no Fediverso está no relativamente baixo número de usuários ativos - especialmente em países como o Brasil, onde a língua inglesa ainda é uma restrição significativa. No entanto, os anos de 2023 e 2024 marcaram uma grande evolução na adoção das plataformas alternativas graças às controvérsias envolvendo plataformas como o Reddit, que em 2023 irritou seus moderadores e usuários ao anunciar mudanças restritivas em sua API para aplicativos de terceiros, aumento da quantidade de anúncios e monetização, e maior controle exercido sobre as comunidades públicas. Agora, durante o mês de Abril de 2024, o X (antigo Twitter) também enfrenta disputas com o Poder Judiciário brasileiro e corre o risco de ter seu acesso restrito no país, além de estar envolvido em outras polêmicas envolvendo contas falsas, algoritmos adulterados e propaganda eleitoral indevida. Essas e outras preocupações fizeram com que algumas plataformas do Fediverso se tornassem populares e, algumas, possuem servidores brasileiros com usuários ativos, são elas:

Lemmy:
Alternativa ao Reddit, o Lemmy já conta com mais de duzentos mil usuários ativos e, com auxílio dos criadores da comunidade brasileira no Reddit, um servidor em português com pessoas de diversos Estados do país e comunidades para esportes, música,

Alternativas já existem para as principais plataformas
jogos e outras atividades. Assim como sua inspiração, o Lemmy é uma plataforma de agregação de links - assim, usuários postam publicações em outros websites ou textos de autoria própria para criar discussões com outros usuários que podem comentar livremente.

Esse estilo de rede social se tornou popular graças ao sistema de "karma" que permite que usuários votem positivamente ou negativamente em cada comentário e publicação. Com isso, a qualidade do conteúdo da página principal tende a ser maior, e redes como o Reddit e Lemmy se tornam excelentes para pedir sugestões, buscar ajuda para solucionar problemas, discutir com pessoas fãs de um mesmo assunto e muitas outras atividades.

Mastodon:
O Mastodon se tornou rapidamente conhecido por ser uma das primeiras alternativas funcionais ao X, com o mesmo sistema de microblogs e feed de seguidores, mas trazendo vantagens como melhores controles para filtragem de conteúdo, ausência de conteúdo patrocinado, e maior interação entre os usuários. Algumas universidades e instituições governamentais já utilizam o Mastodon como sua principal ferramenta de comunicação.

Alternativas já existem para as principais plataformas

Servidores brasileiros para o Mastodon já estão bastante consolidados e possuem atividade, especialmente durante períodos de instabilidade no X, e aplicativos para iOS e Android permitem o uso facilitado da ferramenta. No entanto, a rede ainda sofre com a falta de personalidades relevantes como artistas famosos ou perfis oficiais de empresas, e novos concorrentes como o Bluesky e Threads podem desacelerar a adoção do Mastodon, principalmente no Brasil.

PixelFed:

Por fim, o Fediverso também conta com sua versão descentralizada do Instagram, uma rede social inteiramente dedicada à publicação de fotografias - o PixelFed. A rede social busca imitar os primórdios do uso do Instagram, oferecendo um feed inteiramente dedicado às fotografias de seus usuários e o uso de hashtags para encontrar fotos de um tema específico. Notavelmente, a atualização 2.0 da rede social incluiu suporte aos stories, assim como os encontrados no Instagram e WhatsApp, para quem gosta de publicar fotos corriqueiras que desaparecem após algumas horas.

Apesar de suas vantagens, o protocolo ActivityPub ainda não foi capaz de conquistar um público grande o suficiente para competir com as principais redes sociais na internet.

Alternativas já existem para as principais plataformas

No entanto, isso pode mudar em breve, já que em resposta a novas limitações legislativas em mercados como a União Europeia, plataformas como o Threads e Bluesky já prometeram integração total com o Fediverso ou seja, usuários de plataformas como o Mastodon poderão se conectar e interagir com usuários do Threads, potencialmente iniciando uma nova era onde o uso das redes sociais é mais descentralizado, independente e transparente para os usuários.

Desvendando outras redes:

Mastodon: A Revolução do Microblogging Descentralizado:

Mastodon é uma plataforma de microblogging que se destaca como uma das mais populares e conhecidas dentro do Fediverso. Inspirada pelo Twitter, Mastodon oferece uma experiência de rede social que permite aos usuários compartilhar pensamentos, imagens, vídeos e links em postagens curtas, chamadas "toots". No entanto, sua principal diferença e vantagem está na sua arquitetura descentralizada.

Principais Características do Mastodon

1. **Descentralização:** Mastodon não é controlado por uma única entidade. Em vez disso, é composto por múltiplas instâncias independentes, também conhecidas como servidores. Cada instância pode ser administrada por diferentes pessoas ou organizações, permitindo que os usuários escolham uma comunidade que melhor se alinha com seus interesses e valores.

2. **Interoperabilidade:** Embora existam muitas instâncias, todas elas podem se comunicar entre si graças ao uso do protocolo ActivityPub. Isso significa que um usuário de uma instância pode seguir, interagir e trocar mensagens com usuários de outras instâncias, criando uma rede federada e interconectada.

Desvendando outras redes:

3. **Autonomia do Usuário:** Os usuários têm controle significativo sobre sua experiência no Mastodon. Eles podem escolher qual instância se juntar, e se não encontrarem uma que atenda às suas necessidades, podem criar e administrar sua própria instância. Isso proporciona maior liberdade e controle sobre os dados e a moderação do conteúdo.

4. **Moderação Comunitária:** Cada instância do Mastodon possui suas próprias regras e políticas de moderação. Isso permite que as comunidades estabeleçam normas que reflitam seus valores específicos, promovendo ambientes seguros e inclusivos para diversos grupos de usuários.

5. **Privacidade e Segurança:** Mastodon coloca uma forte ênfase na privacidade do usuário. As instâncias podem implementar criptografia e outras medidas de segurança para proteger as comunicações e dados dos usuários. Além disso, os usuários têm a opção de definir suas postagens como públicas, privadas ou visíveis apenas para seguidores aprovados.

Benefícios do Uso do Mastodon

1. **Controle sobre Dados Pessoais:** Diferente das plataformas centralizadas, onde os dados dos usuários podem ser coletados e monetizados, no Mastodon, os dados permanecem sob o controle dos usuários e das instâncias que escolhem.

Desvendando outras redes:

2. **Resiliência e Censura:** A natureza descentralizada do Mastodon torna a rede mais resiliente a falhas e censura. Se uma instância for desligada ou comprometida, a rede como um todo continua a funcionar, e os usuários podem migrar facilmente para outras instâncias.

3. **Comunidades Diversificadas:** A multiplicidade de instâncias permite que comunidades com interesses específicos floresçam, criando espaços onde os usuários podem se conectar com outros que compartilham suas paixões e valores.

4. **Inovação Contínua:** A comunidade de desenvolvedores do Mastodon está constantemente aprimorando a plataforma, adicionando novos recursos e melhorando a experiência do usuário. Essa inovação contínua é impulsionada pela colaboração aberta e o compartilhamento de código.

Desafios do Mastodon
Apesar de suas muitas vantagens, o Mastodon enfrenta alguns desafios:

1. **Adoção e Conhecimento:** Muitas pessoas ainda desconhecem o Mastodon e suas vantagens. A adoção em massa é um desafio, especialmente quando as grandes redes sociais centralizadas dominam o mercado.

Desvendando outras redes:

2. Sustentabilidade das Instâncias: Manter uma instância requer recursos financeiros e técnicos. A sustentabilidade a longo prazo das instâncias, especialmente as menores, pode ser um desafio.

3. Complexidade Inicial: Para novos usuários, a ideia de escolher uma instância e entender o funcionamento de uma rede federada pode ser confusa. Melhorar a experiência do usuário inicial é crucial para a adoção mais ampla.

Conclusão:

Mastodon representa uma alternativa poderosa e ética às redes sociais centralizadas, oferecendo aos usuários maior controle, privacidade e uma experiência mais personalizada. À medida que mais pessoas buscam alternativas às plataformas tradicionais, Mastodon e outras partes do Fediverso estão bem posicionadas para liderar uma revolução na forma como interagimos online.

Desvendando outras redes:
Lemmy: A Plataforma Decentralizada de Fóruns e Comunidades.

Lemmy é uma plataforma de fórum descentralizada que faz parte do Fediverso, a rede de redes sociais descentralizadas interconectadas. Inspirada pelo formato e funcionalidade do Reddit, Lemmy permite que os usuários criem, compartilhem e discutam conteúdo em comunidades temáticas, chamadas "sublemmy".

Principais Características do Lemmy

1. **Descentralização:** Assim como outras plataformas do Fediverso, Lemmy opera em um modelo descentralizado. Isso significa que não há uma entidade única controlando toda a rede. Em vez disso, a plataforma é composta por várias instâncias independentes, cada uma administrada por diferentes indivíduos ou organizações.

2. **Interoperabilidade:** Lemmy utiliza o protocolo ActivityPub para interoperabilidade, permitindo que usuários de diferentes instâncias interajam entre si. Isso significa que um usuário em uma instância de Lemmy pode participar de discussões e interagir com conteúdo de outras instâncias de Lemmy e, potencialmente, de outras plataformas do Fediverso que utilizam o mesmo protocolo.

Desvendando outras redes:

3. **Autonomia do Usuário:** Os usuários do Lemmy têm a liberdade de escolher em qual instância participar, baseada em suas preferências e valores. Se não encontrarem uma instância que atenda às suas necessidades, eles têm a opção de criar e administrar sua própria instância, garantindo controle total sobre as regras e políticas de moderação.

4. **Moderação Comunitária:** Cada instância de Lemmy possui suas próprias políticas de moderação e governança, permitindo que as comunidades estabeleçam e sigam suas próprias normas e diretrizes. Isso resulta em um ambiente mais democrático e adaptado às necessidades específicas de cada comunidade.

5. **Priorização da Privacidade:** Lemmy enfatiza a privacidade dos usuários, oferecendo opções para configurar a visibilidade do conteúdo e as interações. As instâncias podem implementar medidas de segurança adicionais para proteger os dados dos usuários e garantir que suas atividades online permaneçam privadas.

Benefícios do Uso do Lemmy

1. **Controle e Autonomia:** Os usuários têm mais controle sobre sua experiência online, podendo escolher instâncias que melhor se alinhem com seus valores e expectativas de moderação.

Desvendando outras redes:
A possibilidade de criar instâncias próprias proporciona uma autonomia significativa.

2. **Resiliência e Sustentabilidade:** A descentralização torna a rede mais resiliente a falhas e tentativas de censura. Mesmo que uma instância seja desligada, a rede continua a funcionar, e os usuários podem migrar para outras instâncias facilmente.

3. **Comunidades Diversificadas:** A estrutura de Lemmy permite a criação de comunidades focadas em tópicos específicos, promovendo discussões aprofundadas e conexões entre usuários com interesses semelhantes.

4. **Interoperabilidade com o Fediverso:** A integração com o protocolo ActivityPub possibilita interações com outras plataformas do Fediverso, expandindo o alcance das comunidades e permitindo uma rede de comunicação mais ampla e conectada.

Desafios do Lemmy
Apesar de suas vantagens, Lemmy enfrenta alguns desafios:

1. **Adoção e Visibilidade:** Como uma plataforma relativamente nova, Lemmy ainda está em processo de ganhar reconhecimento e adoção em massa. Competir com plataformas estabelecidas como Reddit pode ser um desafio significativo.

Desvendando outras redes:

2. Manutenção e Sustentabilidade das Instâncias: Administrar uma instância de Lemmy requer recursos técnicos e financeiros. Garantir a sustentabilidade a longo prazo das instâncias, especialmente as menores, pode ser desafiador.

3. Complexidade Inicial para Novos Usuários: Para usuários que estão acostumados com plataformas centralizadas, a ideia de escolher uma instância e entender a rede descentralizada pode ser confusa. Melhorar a experiência do usuário inicial é crucial para aumentar a adoção.

Conclusão:

Lemmy oferece uma abordagem descentralizada e ética aos fóruns e comunidades online, colocando o poder nas mãos dos usuários e promovendo um ambiente mais democrático e inclusivo. Com seu modelo de instâncias independentes e interoperabilidade com o Fediverso, Lemmy está bem posicionado para se tornar uma alternativa significativa às plataformas centralizadas, oferecendo aos usuários maior controle, privacidade e uma experiência de comunidade mais personalizada. À medida que mais pessoas buscam alternativas às redes sociais tradicionais, Lemmy e outras plataformas do Fediverso têm o potencial de liderar a próxima geração de interações online.

Desvendando outras redes:
PixelFed: A Alternativa Descentralizada ao Instagram

PixelFed é uma plataforma de compartilhamento de fotos e vídeos que faz parte do Fediverso, a rede de plataformas sociais descentralizadas. Projetado como uma alternativa ao Instagram, PixelFed oferece aos usuários uma maneira de compartilhar e descobrir conteúdo visual, enquanto enfatiza a privacidade, o controle do usuário e a descentralização.

Principais Características do PixelFed

1. **Descentralização:** PixelFed é uma plataforma descentralizada composta por várias instâncias independentes, cada uma operada por diferentes administradores. Isso significa que, ao contrário das redes sociais centralizadas, não há uma única entidade controlando a plataforma inteira.

2. **Interoperabilidade:** Utilizando o protocolo ActivityPub, PixelFed permite que suas instâncias se comuniquem não apenas entre si, mas também com outras plataformas que fazem parte do Fediverso, como Mastodon e PeerTube. Isso cria uma rede interconectada de plataformas, ampliando o alcance das interações dos usuários.

Desvendando outras redes:

3. Controle do Usuário: Os usuários do PixelFed têm maior controle sobre sua experiência online. Eles podem escolher a instância que melhor se alinha com seus valores e necessidades. Além disso, os usuários podem criar suas próprias instâncias se desejarem, definindo suas próprias regras e políticas de moderação.

4. Foco em Privacidade: PixelFed coloca uma forte ênfase na privacidade dos usuários. As instâncias podem implementar várias medidas de segurança para proteger os dados dos usuários. Além disso, os usuários têm controle sobre quem pode ver e interagir com suas postagens, proporcionando uma experiência mais segura e personalizada.

5. Funcionalidades de Compartilhamento de Fotos e Vídeos: PixelFed oferece uma gama de funcionalidades semelhantes às do Instagram, incluindo a capacidade de postar fotos e vídeos, curtir e comentar em postagens, seguir outros usuários e explorar conteúdo através de hashtags e tópicos populares.

Benefícios do Uso do PixelFed

1. Autonomia e Liberdade: Os usuários têm a liberdade de escolher ou criar instâncias que se alinham com seus valores, proporcionando uma experiência mais personalizada e ética.

Desvendando outras redes:
2. Resiliência e Resistência à Censura: A estrutura descentralizada de PixelFed torna a rede mais resiliente a falhas e censura. Mesmo que uma instância específica seja desativada, a rede como um todo permanece funcional, e os usuários podem migrar para outras instâncias.

3. Comunidades Diversificadas: PixelFed suporta a criação de comunidades focadas em interesses específicos, permitindo que os usuários encontrem e se conectem com outros que compartilham suas paixões e hobbies.

4. Interação com o Fediverso: A interoperabilidade com outras plataformas do Fediverso amplia as possibilidades de interação e descoberta de conteúdo, criando uma rede rica e interconectada de comunidades online.

Desafios do PixelFed
Apesar de suas vantagens, PixelFed enfrenta alguns desafios:
1. Adoção e Reconhecimento: Como uma alternativa relativamente nova ao Instagram, PixelFed ainda está em processo de ganhar reconhecimento e adoção em larga escala. Concorrer com plataformas estabelecidas é um desafio significativo.

Desvendando outras redes:

2. Sustentabilidade das Instâncias: Manter uma instância de PixelFed requer recursos técnicos e financeiros. Garantir a sustentabilidade a longo prazo das instâncias, especialmente as menores, pode ser desafiador.

3. Experiência do Usuário: Para novos usuários, a ideia de escolher uma instância e entender o funcionamento de uma rede descentralizada pode ser confusa. Melhorar a interface e a experiência do usuário inicial é crucial para aumentar a adoção.

Conclusão:

PixelFed representa uma alternativa poderosa e ética às plataformas centralizadas de compartilhamento de fotos e vídeos. Com sua ênfase em descentralização, privacidade e controle do usuário, PixelFed oferece uma experiência de rede social que prioriza os interesses e a autonomia dos usuários. À medida que mais pessoas buscam alternativas às redes sociais tradicionais, PixelFed está bem posicionado para se tornar uma parte importante do movimento em direção a um futuro mais justo e inclusivo para a internet.

Desvendando outras redes:
Reddit: A Plataforma de Fóruns Online.

Reddit é uma das maiores e mais populares plataformas de fóruns online do mundo, conhecida por seu formato de comunidade e sua vasta gama de tópicos de discussão. Fundada em 2005 por Steve Huffman e Alexis Ohanian, Reddit permite que os usuários postem conteúdo, participem de discussões e votem em postagens, promovendo um ambiente dinâmico e interativo.

Principais Características do Reddit

1. Subreddits: Reddit é composto por comunidades específicas chamadas "subreddits", cada uma focada em um tópico ou interesse particular. Cada subreddit tem suas próprias regras, moderadores e cultura. Os subreddits são indicados pelo prefixo "r/", como r/technology para tecnologia, r/gaming para jogos, ou r/news para notícias.

2. Sistema de Votação: Os usuários podem votar positivamente (upvote) ou negativamente (downvote) nas postagens e comentários. O sistema de votação determina a visibilidade do conteúdo, promovendo as postagens mais populares e relevantes para o topo das listas de discussão.

Desvendando outras redes:
3. **Karma:** Os usuários ganham "karma" com base nos votos que suas postagens e comentários recebem. O karma serve como uma medida de reputação dentro da comunidade, embora não tenha um valor funcional além de indicar a atividade e a popularidade de um usuário.

4. **Anonimato:** Reddit permite que os usuários participem de discussões anonimamente, usando nomes de usuário em vez de suas identidades reais. Isso incentiva uma expressão mais livre, embora também possa levar a comportamentos tóxicos ou abusivos.

5. **Moderadores:** Cada subreddit é gerido por moderadores voluntários que estabelecem e aplicam regras específicas para suas comunidades. Eles podem remover postagens, banir usuários e criar regras para manter a ordem e a qualidade das discussões.

6. **Conteúdo Diversificado:** Reddit cobre uma vasta gama de tópicos, desde notícias e esportes até ciência, tecnologia, entretenimento e interesses específicos. Essa diversidade atrai uma ampla base de usuários com diferentes interesses e conhecimentos.

Benefícios do Uso do Reddit
1. **Comunidades Diversificadas:** Com milhares de subreddits, os usuários podem encontrar comunidades que correspondam aos seus interesses, hobbies e necessidades específicas.

Desvendando outras redes:

Isso facilita a conexão com pessoas que compartilham os mesmos interesses.

2. Discussões Ricas: A estrutura de votação e os comentários permitem discussões profundas e variadas. Os usuários podem aprender, compartilhar informações e debater uma ampla gama de tópicos.

3. Atualizações em Tempo Real: Reddit é uma fonte valiosa para atualizações em tempo real sobre eventos atuais, notícias e tendências. Subreddits como r/news e r/worldnews fornecem informações rápidas sobre acontecimentos globais.

4. Anonimato e Expressão Livre: O anonimato permite que os usuários se expressem livremente sem medo de repercussões pessoais, incentivando uma troca aberta de ideias e opiniões.

Desafios do Reddit

1. Moderação e Conteúdo Abusivo: A moderação descentralizada pode levar a inconsistências na aplicação de regras, e algumas comunidades podem enfrentar problemas com conteúdo abusivo ou tóxico. Embora os moderadores trabalhem para manter a ordem, o tamanho e a natureza anônima da plataforma podem dificultar o controle.

Desvendando outras redes:

2. Qualidade Variável do Conteúdo: Devido à vasta gama de tópicos e ao sistema de votação, a qualidade do conteúdo pode variar significativamente. Nem todas as postagens e comentários são informativos ou valiosos, e os usuários precisam ser críticos ao avaliar as informações.

3. Efeitos de Bolha de Filtro: Como os usuários podem escolher subreddits que refletem seus próprios interesses e opiniões, existe o risco de criar bolhas de filtro, onde os indivíduos são expostos apenas a pontos de vista semelhantes aos seus.

Conclusão:

Reddit é uma plataforma poderosa e dinâmica que oferece uma ampla variedade de discussões e comunidades. Com seu sistema de votação, estrutura de subreddits e anonimato, Reddit promove um ambiente onde os usuários podem se conectar, compartilhar informações e debater uma infinidade de tópicos. Embora enfrente desafios relacionados à moderação e à qualidade do conteúdo, Reddit continua a ser uma fonte vital de informação e comunidade para milhões de usuários em todo o mundo.

O protocolo ActivityPub

ActivityPub: O Protocolo da Internet Descentralizada

ActivityPub é um protocolo de rede social descentralizado que permite a interoperabilidade entre diferentes serviços e plataformas. Desenvolvido pelo W3C (World Wide Web Consortium) e lançado oficialmente em janeiro de 2018, ActivityPub permite que usuários de diferentes servidores e aplicativos interajam entre si de forma transparente, criando uma rede federada de serviços sociais.

Objetivos e Princípios

ActivityPub foi projetado para:
- Promover a descentralização e a interoperabilidade na web.
- Permitir que diferentes plataformas de redes sociais se comuniquem entre si.
- Dar aos usuários controle sobre seus dados e interações.
- Fornecer uma alternativa às redes sociais centralizadas, onde os dados são controlados por uma única entidade.

Componentes do ActivityPub

ActivityPub consiste em dois principais componentes:

1. Client-to-Server (C2S) API:
- Permite que os aplicativos clientes se comuniquem com o servidor de rede social.
- Usado para enviar e receber atividades, como publicar uma postagem, seguir um usuário ou curtir uma postagem.

O protocolo ActivityPub
2. Server-to-Server (S2S) API:
- Permite que diferentes servidores (instâncias) se comuniquem entre si.
- Usado para federar atividades, ou seja, compartilhar atividades entre servidores para que os usuários possam interagir entre diferentes plataformas.

Estrutura do ActivityPub:
O protocolo ActivityPub é baseado em conceitos de "Atividades" e "Objetos". Aqui estão alguns dos principais elementos:

1. Atividades (Activities):
- Representam ações realizadas pelos usuários. Exemplos incluem Create (criar um objeto), Update (atualizar um objeto), Delete (excluir um objeto), Follow (seguir um usuário) e Like (curtir um objeto).
- As atividades seguem o formato JSON-LD (JavaScript Object Notation for Linked Data), o que facilita a interoperabilidade e o uso de dados estruturados.

2. Objetos (Objects):
- São os alvos das atividades. Exemplos de objetos incluem Note (uma postagem ou comentário), Image (uma imagem), Video (um vídeo), Person (um usuário) e Collection (uma coleção de objetos).

O protocolo ActivityPub

- Objetos também são representados em JSON-LD e contêm informações sobre os dados específicos que representam.

Fluxo de Trabalho do ActivityPub

Vamos considerar um exemplo de como o ActivityPub funciona na prática:

Publicação de uma Postagem:

1. **Usuário A cria uma postagem:**
   - O cliente (aplicativo de rede social) envia uma solicitação ao servidor do Usuário A usando a Client-to-Server API para criar uma nova postagem (**Create** activity).
2. **Servidor A armazena a postagem:**
   - O servidor processa a solicitação, armazena a nova postagem e gera uma atividade de **Create** associada ao objeto **Note**.
3. **Servidor A federar a postagem:**
   - O servidor do Usuário A envia a atividade de **Create** para os servidores dos seguidores do Usuário A usando a Server-to-Server API.
   - Se o Usuário B segue o Usuário A, o servidor do Usuário B recebe a atividade de **Create**.
4. **Servidor B processa a atividade:**
   - O servidor do Usuário B processa a atividade recebida e adiciona a nova postagem ao feed do Usuário B.

O protocolo ActivityPub
5. Usuário B vê a postagem:
- Quando o Usuário B acessa seu feed, o cliente recupera as postagens do servidor e exibe a nova postagem do Usuário A.

Vantagens do ActivityPub
1. **Descentralização:**
   - Permite a criação de redes sociais descentralizadas, onde nenhum único servidor tem controle total sobre os dados e interações dos usuários.
2. **Interoperabilidade:**
   - Facilita a comunicação entre diferentes plataformas e serviços, permitindo que os usuários interajam através de diversas aplicações.
3. **Controle do Usuário:**
   - Os usuários têm mais controle sobre seus dados e podem escolher servidores que respeitem suas preferências de privacidade e moderação.
4. **Resiliência:**
   - A descentralização torna a rede mais resiliente a falhas e censura, pois não depende de um único ponto de falha.

Desafios do ActivityPub
1. **Complexidade Técnica:**
   - A configuração e manutenção de servidores ActivityPub podem ser complexas, exigindo conhecimento técnico especializado.

O protocolo ActivityPub

2. **Fragmentação:**
   - A descentralização pode levar à fragmentação, onde diferentes comunidades existem em servidores isolados, dificultando a descoberta e a interação entre usuários.
3. **Escalabilidade:**
   - A federabilidade pode apresentar desafios de escalabilidade, especialmente quando se trata de sincronizar dados entre muitos servidores diferentes.
4. **Moderação:**
   - A moderação descentralizada pode ser difícil de coordenar, levando a inconsistências na aplicação de regras e políticas entre diferentes servidores.

Conclusão:

ActivityPub representa um passo significativo em direção a uma internet mais descentralizada e interoperável, oferecendo uma alternativa poderosa às plataformas centralizadas de redes sociais. Ao permitir que diferentes servidores e serviços se comuniquem de forma transparente, ActivityPub empodera os usuários, dando-lhes mais controle sobre seus dados e interações. Embora enfrente desafios técnicos e operacionais, o protocolo tem o potencial de transformar a forma como interagimos online, promovendo um ecossistema digital mais justo, seguro e inclusivo.

PeerTube:
PeerTube: A Plataforma Descentralizada de Compartilhamento de Vídeos

PeerTube é uma plataforma de compartilhamento de vídeos descentralizada e federada que faz parte do Fediverso. Desenvolvido pela organização francesa Framasoft, PeerTube visa fornecer uma alternativa aos serviços de vídeo centralizados como YouTube e Vimeo, promovendo a liberdade, a privacidade e a autonomia dos usuários.

Objetivos e Filosofia
PeerTube foi criado com os seguintes objetivos em mente:
- Descentralizar a hospedagem e o compartilhamento de vídeos.
- Empoderar os usuários e as comunidades, permitindo-lhes controlar seus próprios dados.
- Oferecer uma alternativa ética e sustentável às plataformas de vídeo comerciais.
- Promover a liberdade de expressão, privacidade e diversidade de conteúdo.

Estrutura e Funcionamento
PeerTube utiliza uma combinação de tecnologias descentralizadas e federadas para oferecer seus serviços. Aqui estão os principais componentes e conceitos que definem seu funcionamento:

PeerTube:
1. **Instâncias:**
   - PeerTube é composto por várias instâncias independentes, cada uma operada por diferentes indivíduos ou organizações. Uma instância é essencialmente um servidor que hospeda vídeos e fornece serviços de rede social.
   - Os administradores de instâncias podem estabelecer suas próprias regras e políticas de moderação, criando um ambiente personalizado para suas comunidades.

2. **Federação:**
   - As instâncias de PeerTube podem federar entre si usando o protocolo ActivityPub, permitindo que vídeos e interações sejam compartilhados entre diferentes servidores.
   - A federação permite que os usuários de uma instância assistam, comentem e interajam com vídeos hospedados em outras instâncias, criando uma rede interconectada de plataformas de vídeo.

3. **Peer-to-Peer (P2P) Streaming:**
   - PeerTube utiliza a tecnologia peer-to-peer (P2P) para distribuir a carga de streaming de vídeo. Quando um usuário assiste a um vídeo, parte da carga é compartilhada entre os espectadores, aliviando o servidor e melhorando a eficiência do streaming.

PeerTube:
- O protocolo WebTorrent é usado para P2P streaming, onde o navegador do usuário atua como um cliente BitTorrent, contribuindo com largura de banda para outros espectadores.

Recursos e Funcionalidades
PeerTube oferece uma gama de funcionalidades que suportam seu objetivo de ser uma plataforma de vídeo descentralizada e comunitária:

1. **Upload e Compartilhamento de Vídeos:**
   - Os usuários podem fazer upload de vídeos em suas instâncias e compartilhar links para esses vídeos em qualquer lugar.
   - Vídeos podem ser categorizados e organizados em listas de reprodução.
2. **Interações Sociais:**
   - PeerTube suporta comentários, curtidas e assinaturas, permitindo que os usuários interajam com criadores de conteúdo e construam comunidades em torno de seus interesses.
   - Usuários podem seguir canais de outras instâncias federadas, recebendo atualizações sobre novos vídeos.
3. **Personalização de Instâncias:**
   - Administradores de instâncias têm a liberdade de personalizar a aparência, as políticas de uso e as regras de moderação de seus servidores.

PeerTube:
- Isso inclui a capacidade de definir limites de armazenamento, políticas de privacidade e requisitos de inscrição.

4. **Importação de Vídeos:**
- PeerTube permite a importação de vídeos de outras plataformas, como YouTube, facilitando a migração de conteúdo para um ambiente mais descentralizado.

Benefícios do Uso do PeerTube

1. **Descentralização:**
- PeerTube elimina a dependência de um único ponto de controle, distribuindo a hospedagem de vídeos entre muitas instâncias independentes.
- Isso promove a resiliência e a sustentabilidade da rede.

2. **Controle e Autonomia:**
- Os usuários e administradores de instâncias têm controle total sobre seus dados e conteúdo, podendo decidir como seus vídeos são compartilhados e moderados.
- As comunidades podem criar ambientes personalizados que refletem seus valores e interesses.

3. **Privacidade e Segurança:**
- PeerTube promove a privacidade dos usuários, permitindo a configuração de instâncias com políticas de segurança robustas.
- A ausência de uma entidade central reduz os riscos de vigilância e coleta de dados em massa.

PeerTube:
4. Inclusão e Diversidade:
- A capacidade de criar e gerir instâncias permite que grupos diversos e sub-representados tenham voz e visibilidade.
- Comunidades com interesses específicos podem prosperar em instâncias dedicadas.

Desafios do PeerTube
1. Complexidade Técnica:
- Configurar e administrar uma instância de PeerTube pode exigir conhecimento técnico significativo, incluindo habilidades em administração de servidores e gerenciamento de rede.

2. Escalabilidade:
- Embora a tecnologia P2P ajude na distribuição de carga, instâncias menores podem enfrentar desafios ao lidar com grandes volumes de tráfego ou armazenamento de vídeos.

3. Consciência e Adoção:
- PeerTube ainda é relativamente desconhecido em comparação com gigantes centralizados como YouTube, e atrair um público maior pode ser desafiador.

4. Coordenação entre Instâncias:
- A natureza federada de PeerTube requer coordenação entre diferentes instâncias para assegurar uma experiência de usuário harmoniosa, o que pode ser difícil de gerenciar em uma rede altamente descentralizada.

PeerTube:
Conclusão:

PeerTube representa uma inovação significativa no mundo do compartilhamento de vídeos, oferecendo uma alternativa ética e descentralizada às plataformas centralizadas. Com seu foco em privacidade, autonomia e resiliência, PeerTube tem o potencial de transformar a forma como consumimos e compartilhamos conteúdo visual online. Embora enfrente desafios técnicos e operacionais, sua estrutura descentralizada promove um ambiente mais inclusivo e sustentável para criadores e espectadores. À medida que mais pessoas buscam alternativas às plataformas tradicionais, PeerTube está bem posicionado para liderar uma nova era de liberdade e diversidade na internet.

XRTube:
XRTube: A Plataforma de Vídeos para Realidade Estendida.

XRTube é uma plataforma inovadora de compartilhamento de vídeos que se concentra em conteúdo de Realidade Estendida (XR), que inclui Realidade Virtual (VR), Realidade Aumentada (AR) e Realidade Mista (MR). Projetada para atender à crescente demanda por experiências imersivas e interativas, XRTube oferece um espaço dedicado para criadores e consumidores de conteúdo XR.

Objetivos e Filosofia
XRTube foi criado com os seguintes objetivos:
- **Centralizar o Conteúdo XR:** Proporcionar uma plataforma específica para vídeos XR, onde os usuários podem encontrar, compartilhar e experimentar conteúdos de alta qualidade.
- **Facilitar a Criação e Distribuição:** Apoiar criadores de conteúdo XR oferecendo ferramentas e recursos que simplificam o processo de criação e distribuição.
- **Promover a Interatividade e Imersão:** Maximizar a experiência do usuário com vídeos que utilizam tecnologias XR para proporcionar experiências imersivas e interativas.

Estrutura e Funcionamento
XRTube opera de maneira semelhante a outras plataformas de vídeo, mas com funcionalidades específicas para suportar conteúdos de Realidade Estendida:

XRTube:
1. Upload e Compartilhamento de Vídeos XR:
- Criadores podem fazer upload de vídeos em formatos compatíveis com XR, incluindo vídeos 360°, VR, AR e MR.
- A plataforma suporta uma ampla gama de dispositivos XR, permitindo que os usuários assistam a vídeos em headsets VR, dispositivos AR, e através de navegadores compatíveis.

XRTube: A Plataforma de Vídeos para Realidade Estendida

XRTube é uma plataforma inovadora de compartilhamento de vídeos que se concentra em conteúdo de Realidade Estendida (XR), que inclui Realidade Virtual (VR), Realidade Aumentada (AR) e Realidade Mista (MR). Projetada para atender à crescente demanda por experiências imersivas e interativas, XRTube oferece um espaço dedicado para criadores e consumidores de conteúdo XR.

Objetivos e Filosofia
XRTube foi criado com os seguintes objetivos:
- **Centralizar o Conteúdo XR:** Proporcionar uma plataforma específica para vídeos XR, onde os usuários podem encontrar, compartilhar e experimentar conteúdos de alta qualidade.
- **Facilitar a Criação e Distribuição:** Apoiar criadores de conteúdo XR oferecendo ferramentas e recursos que simplificam o processo de criação e distribuição.

XRTube:
- **Promover a Interatividade e Imersão:** Maximizar a experiência do usuário com vídeos que utilizam tecnologias XR para proporcionar experiências imersivas e interativas.

Estrutura e Funcionamento
XRTube opera de maneira semelhante a outras plataformas de vídeo, mas com funcionalidades específicas para suportar conteúdos de Realidade Estendida:

1. **Upload e Compartilhamento de Vídeos XR:**
   - Criadores podem fazer upload de vídeos em formatos compatíveis com XR, incluindo vídeos 360°, VR, AR e MR.
   - A plataforma suporta uma ampla gama de dispositivos XR, permitindo que os usuários assistam a vídeos em headsets VR, dispositivos AR, e através de navegadores compatíveis.

2. **Experiência de Usuário Imersiva:**
   - XRTube é otimizado para proporcionar uma experiência imersiva, utilizando tecnologias como WebVR e WebXR para permitir que os usuários naveguem e assistam a vídeos diretamente de seus navegadores ou dispositivos XR.
   - A plataforma oferece suporte para controles interativos e ambientes virtuais, melhorando a interatividade dos vídeos.

XRTube:
3. Ferramentas para Criadores de Conteúdo:
- XRTube fornece ferramentas e recursos para criadores de conteúdo, incluindo tutoriais, guias de melhores práticas, e software de edição compatível com XR.
- A plataforma incentiva a colaboração e a inovação, oferecendo uma comunidade ativa onde os criadores podem compartilhar conhecimentos e técnicas.

4. Curadoria e Descoberta de Conteúdo:
- XRTube utiliza algoritmos de curadoria para ajudar os usuários a descobrir novos conteúdos com base em seus interesses e hábitos de visualização.
- Os usuários podem seguir criadores, participar de discussões e deixar feedback, promovendo uma comunidade engajada e interativa.

Benefícios do Uso do XRTube
1. Centralização do Conteúdo XR:
- XRTube oferece um ponto focal para todo o conteúdo XR, facilitando a descoberta e o acesso a vídeos de realidade virtual, aumentada e mista.

2. Experiências Imersivas:
- A plataforma é projetada para maximizar a imersão, permitindo que os usuários experimentem vídeos de uma maneira que as plataformas tradicionais não conseguem.

3. Suporte para Criadores:
- Ferramentas especializadas e recursos educativos ajudam criadores a produzir e compartilhar conteúdo XR de alta qualidade.

XRTube:

4. Comunidade Ativa:
   - A presença de uma comunidade de criadores e consumidores de XR promove a colaboração, a inovação e a troca de ideias.

Desafios do XRTube

1. **Adoção e Reconhecimento:**
   - Como uma plataforma especializada, XRTube pode enfrentar desafios para alcançar um público amplo, especialmente aqueles que não estão familiarizados com tecnologias XR.

2. **Necessidade de Hardware Especializado:**
   - A plena experiência de XRTube requer hardware XR, como headsets VR, o que pode ser uma barreira para alguns usuários devido ao custo e à disponibilidade desses dispositivos.

3. **Complexidade Técnica:**
   - Criar conteúdo XR pode ser mais complexo e tecnicamente desafiador do que produzir vídeos tradicionais, exigindo habilidades e ferramentas específicas.

4. **Escalabilidade:**
   - Manter uma plataforma de vídeos XR pode exigir recursos significativos de processamento e armazenamento, especialmente à medida que a base de usuários e a quantidade de conteúdo aumentam.

XRTube:
Conclusão:

XRTube representa uma inovação significativa no campo das plataformas de vídeo, oferecendo um espaço dedicado para a crescente comunidade de criadores e consumidores de Realidade Estendida. Com seu foco em imersão, interatividade e suporte para criadores, XRTube está bem posicionado para liderar a evolução do consumo de mídia na era das tecnologias XR. Embora enfrente desafios relacionados à adoção, complexidade técnica e necessidade de hardware especializado, a plataforma tem o potencial de transformar a maneira como experimentamos e interagimos com vídeos, promovendo um futuro onde a realidade virtual, aumentada e mista são partes integrais de nossas vidas digitais.

Blender:
Blender: A Ferramenta Versátil de Criação 3D
Blender é um software gratuito e de código aberto para criação de gráficos 3D, amplamente utilizado por artistas, animadores, designers e desenvolvedores. Lançado inicialmente em 1994 pela NeoGeo e Not a Number Technologies (NaN), o Blender é mantido pela Blender Foundation desde 2002. Conhecido por sua versatilidade e robustez, Blender é utilizado em diversas áreas, incluindo modelagem 3D, animação, simulação, renderização, composição, edição de vídeo e até desenvolvimento de jogos.

Principais Funcionalidades do Blender
1. Modelagem 3D:
- Blender oferece ferramentas avançadas para modelagem 3D, incluindo escultura digital, retopologia, modelagem poligonal, NURBS e curvas Bezier.
- Os artistas podem criar objetos complexos com precisão, usando ferramentas como extrusão, subdivisão de superfícies e modificação de malhas.

2. Animação:
- Blender possui um sistema de animação completo que inclui suporte para animação de personagens, cinemática inversa, esqueleto (rigging), curvas de animação (F-curves), e animação baseada em poses.

Blender:
- Os artistas podem criar animações complexas, desde simples movimentos de objetos até sequências de animação detalhadas para personagens.

3. **Renderização:**
- Blender inclui dois motores de renderização integrados: Eevee (um renderizador em tempo real) e Cycles (um renderizador baseado em traçado de raios).
- Ambos oferecem suporte para iluminação global, sombras, reflexos, e materiais avançados, permitindo a criação de imagens fotorrealistas e estilizadas.

4. **Simulação:**
- Blender suporta simulações físicas, incluindo simulações de fluidos, fumaça, fogo, tecidos, partículas, e corpos rígidos.
- Estas simulações são usadas para criar efeitos visuais complexos e realistas, como líquidos em movimento, explosões e roupas que se movem com o vento.

5. **Composição e Edição de Vídeo:**
- Blender possui um compositor de nós integrado que permite combinar várias camadas e efeitos visuais, facilitando a pós-produção de filmes e animações.
- Também inclui um editor de vídeo não linear, que permite cortar, editar e adicionar efeitos aos vídeos.

Blender:

6. **Desenvolvimento de Jogos:**
   - Embora a funcionalidade de desenvolvimento de jogos tenha sido separada do Blender principal, ainda existem complementos e integrações que permitem criar protótipos de jogos e conteúdo interativo.
   - Blender suporta exportação para motores de jogo populares como Unity e Unreal Engine.

7. **Scripts e Extensibilidade:**
   - Blender é altamente extensível através de scripts Python, permitindo que os usuários personalizem a interface, criem ferramentas automatizadas e adicionem novas funcionalidades.
   - A comunidade ativa de desenvolvedores frequentemente contribui com add-ons que expandem ainda mais as capacidades do software.

Benefícios do Uso do Blender

1. **Custo:**
   - Blender é totalmente gratuito e de código aberto, permitindo que qualquer pessoa o use, modifique e distribua sem custos.

2. **Versatilidade:**
   - O Blender é uma ferramenta multifuncional que pode ser usada para praticamente todas as etapas do pipeline de produção 3D, desde a modelagem inicial até a renderização final e edição de vídeo.

3. **Comunidade Ativa:**
   - A comunidade Blender é grande e ativa, com muitos tutoriais, fóruns de suporte e recursos educativos disponíveis online.

Blender:
- A Blender Foundation também organiza eventos e conferências que incentivam a colaboração e o aprendizado entre os usuários.

4. **Atualizações Constantes:**
- O Blender é atualizado regularmente com novos recursos, melhorias de desempenho e correções de bugs, garantindo que os usuários tenham acesso às ferramentas mais recentes.

5. **Integração com Outros Softwares:**
- Blender suporta uma ampla gama de formatos de arquivo para importação e exportação, facilitando a integração com outros softwares de criação e desenvolvimento.

Desafios do Uso do Blender

1. **Curva de Aprendizado:**
- Blender é uma ferramenta poderosa com uma vasta gama de funcionalidades, o que pode ser intimidante para iniciantes.
- Embora existam muitos tutoriais e recursos disponíveis, pode levar tempo para aprender e dominar todas as capacidades do software.

2. **Interface Complexa:**
- A interface do Blender, embora altamente personalizável, pode parecer complexa e desordenada para novos usuários.
- A navegação eficiente pelas múltiplas janelas e painéis requer prática e familiaridade com a disposição das ferramentas.

Blender:
3. **Recursos Computacionais:**
 - Processos como renderização e simulação podem ser exigentes em termos de recursos computacionais, necessitando de hardware potente para um desempenho ideal.

Conclusão:

Blender é uma ferramenta poderosa e versátil para criação de gráficos 3D, amplamente reconhecida por sua robustez e flexibilidade. Com suas extensas capacidades de modelagem, animação, renderização, simulação e composição, Blender é adequado para uma ampla gama de aplicações, desde produções de filmes e animações até desenvolvimento de jogos e design gráfico. Embora tenha uma curva de aprendizado íngreme e uma interface complexa, o apoio de uma comunidade ativa e uma vasta gama de recursos educativos tornam o Blender uma escolha excelente para artistas e desenvolvedores em todo o mundo.

TILvids:
TILvids: Plataforma para Compartilhamento de Conhecimento:
TILvids (Today I Learned Videos) é uma plataforma de vídeo focada em conteúdos educativos e informativos, projetada para compartilhar conhecimento de maneira acessível e envolvente. Parte do ecossistema do Fediverso, TILvids visa proporcionar um espaço onde os usuários podem descobrir, aprender e compartilhar informações valiosas sobre uma ampla variedade de tópicos.

Objetivos e Filosofia
TILvids foi criado com os seguintes objetivos:
- **Facilitar o Compartilhamento de Conhecimento:** Fornecer uma plataforma onde as pessoas podem compartilhar suas descobertas e aprendizados de forma rápida e fácil.
- **Acessibilidade ao Conhecimento:** Tornar o conhecimento acessível a todos, independente de barreiras econômicas ou geográficas.
- **Foco em Educação:** Promover vídeos que agreguem valor educacional e informativo, diferenciando-se de outras plataformas de vídeo que podem focar mais em entretenimento.

Estrutura e Funcionamento
1. Conteúdo Focado em Educação:
- TILvids se especializa em vídeos que compartilham conhecimentos e insights sobre diversos temas, desde ciências e tecnologia até história e artes.

TILvids:
- Os vídeos são curtos e diretos, geralmente no formato "Today I Learned" (Hoje Eu Aprendi), visando fornecer informação de forma rápida e eficaz.

2. Federação e Descentralização:
- Como parte do Fediverso, TILvids utiliza o protocolo ActivityPub para federar com outras plataformas e instâncias, permitindo a interação e compartilhamento de vídeos entre diferentes servidores.
- Isso promove a descentralização, dando aos usuários controle sobre seus dados e conteúdo.

3. Comunidade e Interatividade:
- Os usuários podem comentar, curtir e compartilhar vídeos, criando uma comunidade ativa e envolvida.
- A plataforma incentiva a discussão e a troca de ideias, promovendo um ambiente colaborativo de aprendizagem.

4. Acessibilidade e Inclusão:
- TILvids é projetado para ser acessível, com suporte para legendas e várias opções de reprodução para acomodar diferentes necessidades dos usuários.
- O foco em conhecimento e educação torna a plataforma atrativa para uma ampla gama de usuários, desde estudantes até profissionais.

TILvids:
Benefícios do Uso do TILvids
1. Enriquecimento Educacional:
- A plataforma oferece uma rica fonte de informações e aprendizados, com vídeos curtos que cobrem uma vasta gama de tópicos.
- Ideal para quem busca expandir seu conhecimento de maneira prática e rápida.

2. Descentralização:
- Parte do Fediverso, TILvids promove a descentralização e a federabilidade, proporcionando maior controle sobre os dados dos usuários e reduzindo a dependência de plataformas centralizadas.

3. Comunidade Engajada:
- A ênfase em conteúdo educativo atrai uma comunidade de usuários que valoriza o aprendizado e a troca de conhecimentos, criando um ambiente positivo e colaborativo.

4. Acessibilidade:
- A plataforma é projetada para ser inclusiva, com recursos como legendas e suporte para diferentes dispositivos, tornando o conhecimento acessível a uma audiência global.

Desafios do TILvids
1. Crescimento e Adoção:
- Como uma plataforma focada em um nicho específico, TILvids pode enfrentar desafios para atrair um público maior e competir com plataformas de vídeo mais estabelecidas.

TILvids:
2. Curadoria de Conteúdo:
- Garantir que o conteúdo mantido seja de alta qualidade e verdadeiramente educativo pode ser um desafio, especialmente com o crescimento da base de usuários e vídeos.

3. Infraestrutura Técnica:
- Manter uma plataforma de vídeos descentralizada e federada exige recursos técnicos significativos e uma infraestrutura robusta para garantir desempenho e estabilidade.

Conclusão:
TILvids é uma plataforma inovadora no espaço das redes sociais e compartilhamento de vídeos, focada na disseminação de conhecimento e educação. Como parte do Fediverso, promove a descentralização e a federação, permitindo uma maior autonomia e controle dos usuários sobre seus dados e conteúdo. Com seu foco em vídeos educativos e informativos, TILvids oferece uma rica fonte de aprendizado para sua comunidade, enfrentando os desafios do crescimento e da curadoria de conteúdo com o objetivo de tornar o conhecimento acessível a todos.

Beeld & Geluid:
Beeld & Geluid: O Arquivo Audiovisual dos Países Baixos

Beeld & Geluid, oficialmente conhecido como Instituto Holandês de Som e Visão (Nederlands Instituut voor Beeld en Geluid), é uma das maiores instituições de mídia e cultura dos Países Baixos. Localizado em Hilversum, o instituto desempenha um papel crucial na preservação, gestão e acesso ao patrimônio audiovisual holandês. Fundado em 1997, Beeld & Geluid possui uma vasta coleção de programas de televisão, rádio, filmes, música e outros materiais multimídia que documentam a história cultural e social dos Países Baixos.

Objetivos e Filosofia

Beeld & Geluid foi estabelecido com os seguintes objetivos:

- **Preservação do Patrimônio Audiovisual:** Garantir que o patrimônio audiovisual dos Países Baixos seja preservado para as futuras gerações, através de métodos avançados de arquivamento e restauração.
- **Acesso ao Conhecimento:** Tornar a coleção acessível ao público, pesquisadores, estudantes e profissionais da mídia, promovendo o uso educacional e cultural do conteúdo.
- **Inovação na Mídia:** Fomentar a inovação e a pesquisa na área de mídia e comunicação, apoiando a criação e a disseminação de novos conteúdos e formatos.

Beeld & Geluid:
Estrutura e Funcionamento

1. Coleção:
- A coleção de Beeld & Geluid inclui milhões de horas de material audiovisual, cobrindo desde programas de televisão e rádio até filmes, vídeos domésticos, gravações musicais e multimídia interativa.
- A coleção é continuamente enriquecida com novos conteúdos, incluindo produções contemporâneas e arquivos históricos recém-descobertos.

2. Preservação e Digitalização:
- O instituto emprega técnicas avançadas de preservação e digitalização para proteger e restaurar materiais audiovisuais antigos, muitos dos quais estão em formatos obsoletos ou deteriorados.
- Processos de digitalização de alta qualidade garantem que o conteúdo esteja disponível em formatos modernos e acessíveis.

3. Acesso e Pesquisa:
- **Beeld & Geluid** oferece acesso ao seu acervo através de um centro de pesquisa, exposições interativas e uma plataforma digital, onde usuários podem explorar e visualizar os conteúdos.
- O instituto colabora com universidades e centros de pesquisa para facilitar estudos acadêmicos e projetos de pesquisa na área de mídia e comunicação.

Beeld & Geluid:
4. Exposições e Programas Educativos:
- O instituto organiza exposições permanentes e temporárias que exploram temas específicos da história da mídia e da cultura holandesa.
- Programas educativos e workshops são oferecidos para escolas, universidades e o público em geral, promovendo a alfabetização midiática e o entendimento crítico dos meios de comunicação.

Benefícios do Beeld & Geluid
1. Preservação Cultural:
- Beeld & Geluid desempenha um papel vital na preservação do patrimônio audiovisual, garantindo que importantes documentos culturais e históricos sejam protegidos e acessíveis.
- A preservação de materiais audiovisuais ajuda a manter a memória coletiva e a identidade cultural dos Países Baixos.

2. Acesso ao Conhecimento:
- A coleção vasta e variada do instituto está disponível para pesquisadores, educadores e o público, facilitando o acesso ao conhecimento e promovendo a educação e a pesquisa.
- A plataforma digital e as exposições interativas tornam a exploração do acervo uma experiência envolvente e educativa.

3. Inovação e Pesquisa:
- Beeld & Geluid apoia a inovação na mídia, oferecendo recursos e colaboração para projetos de pesquisa e desenvolvimento de novos formatos e tecnologias de comunicação.

Beeld & Geluid:
- A instituição é um centro de excelência para estudos de mídia, contribuindo para o avanço acadêmico e profissional na área.

4. Educação e Alfabetização Midiática:
- Através de seus programas educativos e workshops, Beeld & Geluid promove a alfabetização midiática, ajudando o público a entender e criticar a mídia de maneira informada.
- Isso é particularmente importante em uma era de desinformação e consumo massivo de mídia.

Desafios do Beeld & Geluid

1. Conservação de Materiais Antigos:
- A preservação de materiais audiovisuais antigos e deteriorados é um desafio técnico e financeiro, exigindo recursos significativos para restauração e digitalização.
- O instituto deve continuar a investir em tecnologias avançadas e práticas de preservação para proteger sua coleção.

2. Expansão do Acesso Digital:
- Tornar toda a coleção acessível digitalmente é um desafio logístico, envolvendo não apenas a digitalização, mas também a gestão de direitos autorais e a manutenção de uma plataforma robusta.
- A expansão do acesso digital é essencial para alcançar um público mais amplo e facilitar a pesquisa global.

Beeld & Geluid:
3. Financiamento e Sustentabilidade:
- Garantir financiamento contínuo para suas operações, preservação e iniciativas educacionais é crucial para a sustentabilidade do instituto.
- Beeld & Geluid deve buscar apoio de fontes públicas e privadas para manter suas atividades e expandir seus serviços.

Conclusão:
Beeld & Geluid é uma instituição fundamental para a preservação e promoção do patrimônio audiovisual dos Países Baixos. Com sua vasta coleção, foco na preservação, acessibilidade e educação, o instituto desempenha um papel crucial na preservação da memória cultural e na promoção do conhecimento. Embora enfrente desafios em termos de conservação, digitalização e financiamento, Beeld & Geluid continua a ser um líder na inovação e pesquisa em mídia, contribuindo significativamente para a educação e a cultura nos Países Baixos e além.

Basspistol:
Basspistol: Plataforma de Música Descentralizada

Basspistol é uma plataforma inovadora de música que se insere no ecossistema do Fediverso, com o objetivo de proporcionar um espaço descentralizado para artistas e entusiastas da música. Focada na distribuição e compartilhamento de conteúdo musical, Basspistol visa empoderar músicos, DJs e produtores, oferecendo uma alternativa às plataformas de música centralizadas.

Objetivos e Filosofia

Basspistol foi desenvolvido com os seguintes objetivos principais:

- **Descentralização da Música:** Proporcionar uma plataforma onde os artistas têm controle total sobre sua música, sem a necessidade de intermediários ou grandes corporações.
- **Liberdade e Autonomia:** Dar aos músicos a liberdade de distribuir, promover e monetizar seu trabalho da forma que preferirem.
- **Comunidade e Colaboração:** Criar uma comunidade colaborativa onde artistas e fãs podem interagir diretamente, compartilhando ideias e colaborando em novos projetos.

Estrutura e Funcionamento
1. Descentralização e Federabilidade:

- Basspistol utiliza o protocolo ActivityPub, permitindo a federação com outras plataformas e instâncias do Fediverso. Isso significa que os usuários podem seguir e interagir com contas em outros servidores compatíveis.

Basspistol:
- A descentralização reduz a dependência de servidores centralizados e aumenta a resiliência da plataforma.

2. **Upload e Compartilhamento de Música:**
- Artistas podem fazer upload de suas faixas de música, álbuns e mixes diretamente na plataforma, mantendo o controle sobre seus direitos autorais e distribuição.
- A plataforma suporta diversos formatos de áudio e permite a criação de playlists, facilitando a descoberta e o compartilhamento de música.

3. **Monetização e Suporte aos Artistas:**
- Basspistol oferece ferramentas para a monetização direta, como doações, venda de faixas e merchandising, permitindo que os artistas ganhem dinheiro diretamente de seus fãs.
- A plataforma pode integrar com sistemas de pagamento descentralizados, como criptomoedas, para facilitar transações.

4. **Interação e Engajamento da Comunidade:**
- Usuários podem seguir seus artistas favoritos, comentar em faixas, participar de fóruns de discussão e colaborar em projetos musicais.
- A plataforma promove uma interação direta entre artistas e fãs, incentivando a formação de uma comunidade engajada e participativa.

Basspistol:
- A descentralização reduz a dependência de servidores centralizados e aumenta a resiliência da plataforma.

2. Upload e Compartilhamento de Música:
- Artistas podem fazer upload de suas faixas de música, álbuns e mixes diretamente na plataforma, mantendo o controle sobre seus direitos autorais e distribuição.
- A plataforma suporta diversos formatos de áudio e permite a criação de playlists, facilitando a descoberta e o compartilhamento de música.

3. Monetização e Suporte aos Artistas:
- Basspistol oferece ferramentas para a monetização direta, como doações, venda de faixas e merchandising, permitindo que os artistas ganhem dinheiro diretamente de seus fãs.
- A plataforma pode integrar com sistemas de pagamento descentralizados, como criptomoedas, para facilitar transações.

4. Interação e Engajamento da Comunidade:
- Usuários podem seguir seus artistas favoritos, comentar em faixas, participar de fóruns de discussão e colaborar em projetos musicais.
- A plataforma promove uma interação direta entre artistas e fãs, incentivando a formação de uma comunidade engajada e participativa.

Basspistol:
5. **Ferramentas para DJs e Produtores:**
- Basspistol inclui ferramentas específicas para DJs e produtores, como suporte para mixes contínuos, sets de DJ e compartilhamento de samples e loops.
- A plataforma facilita a colaboração entre produtores, permitindo o compartilhamento de projetos e recursos.

Benefícios do Uso do Basspistol

1. **Controle e Autonomia:**
- Artistas mantêm o controle total sobre seu conteúdo e como ele é distribuído e monetizado, sem a necessidade de intermediários.
- A descentralização permite maior resiliência e liberdade em comparação com plataformas centralizadas.

2. **Interação Direta com Fãs:**
- A plataforma promove uma interação direta entre artistas e fãs, fortalecendo a comunidade e incentivando o apoio direto.
- Comentários, discussões e colaboração criam um ambiente de engajamento e suporte mútuo.

3. **Suporte para Diversos Formatos de Música:**
- Basspistol suporta uma ampla gama de formatos de áudio e tipos de conteúdo, desde singles e álbuns até mixes e projetos colaborativos.
- Ferramentas específicas para DJs e produtores oferecem um suporte robusto para uma variedade de necessidades musicais.

Basspistol:
4. Monetização Direta:
- Artistas podem monetizar seu trabalho diretamente, recebendo suporte financeiro de seus fãs sem a necessidade de intermediários.
- Opções de pagamento flexíveis, incluindo criptomoedas, facilitam as transações.

Desafios do Basspistol
1. Adoção e Crescimento:
- A plataforma precisa atrair uma massa crítica de usuários para competir com grandes serviços de streaming de música.
- Promover a plataforma e educar os artistas e fãs sobre as vantagens da descentralização são desafios contínuos.

2. Complexidade Técnica:
- A manutenção de uma plataforma descentralizada e federada requer recursos técnicos significativos e uma infraestrutura robusta.
- Garantir a interoperabilidade com outras plataformas do Fediverso é crucial para o sucesso contínuo.

3. Monetização Sustentável:
- Desenvolver modelos de monetização sustentáveis que beneficiem tanto os artistas quanto a plataforma é um desafio.
- Encontrar o equilíbrio entre monetização direta e gratuidade para atrair uma ampla base de usuários é essencial.

Basspistol:
Conclusão:
Basspistol é uma plataforma promissora no espaço da música digital, oferecendo uma alternativa descentralizada e federada para artistas e fãs. Com seu foco em controle e autonomia para os artistas, interação direta com os fãs e suporte robusto para uma variedade de formatos musicais, Basspistol tem o potencial de transformar a forma como a música é compartilhada e monetizada. Embora enfrente desafios em termos de adoção, crescimento e sustentabilidade, a plataforma representa uma evolução significativa na busca por um ecossistema musical mais justo e resiliente.

Conclusão:

O Fediverso surge como uma resposta ousada e inovadora aos desafios enfrentados pelas redes sociais centralizadas. Ao adotar princípios de descentralização, interoperabilidade e autonomia do usuário, o Fediverso não apenas oferece uma alternativa às plataformas tradicionais, mas também representa uma visão para um futuro mais democrático e participativo da internet.

Ao longo deste livro, exploramos os fundamentos, a cultura, os desafios e as oportunidades do Fediverso. Desde sua arquitetura técnica até sua rica diversidade de comunidades, o Fediverso se destaca como uma força transformadora no cenário das redes sociais online.

No entanto, o trabalho está longe de terminar. À medida que o Fediverso continua a crescer e evoluir, enfrentará novos desafios e oportunidades. Questões como moderação de conteúdo, sustentabilidade financeira e escalabilidade exigirão atenção contínua da comunidade. No entanto, esses desafios também apresentam oportunidades para inovação e crescimento, à medida que a comunidade trabalha em conjunto para resolver problemas e fortalecer o Fediverso.

Conclusão:

À medida que nos despedimos, é importante lembrar que o Fediverso não é apenas uma rede de plataformas de mídia social; é uma comunidade de pessoas apaixonadas e comprometidas com a construção de um espaço online mais ético, seguro e inclusivo. Com uma visão de longo prazo e um compromisso com seus valores fundamentais, o Fediverso está preparado para desempenhar um papel significativo na definição do futuro das redes sociais online e da internet como um todo. O desafio agora é continuar avançando juntos, construindo um Fediverso que seja verdadeiramente para todos.

Agradecimento:

Gostaríamos de expressar nossa sincera gratidão a todos os leitores que acompanharam esta jornada pelo universo fascinante do Fediverso. Este livro não teria sido possível sem o seu interesse, apoio e dedicação em explorar este tema tão relevante e empolgante.

Agradecemos por dedicarem seu tempo e energia para mergulhar nas complexidades e potenciais do Fediverso. Esperamos que as informações e reflexões compartilhadas neste livro tenham sido esclarecedoras e inspiradoras para vocês, e que tenham contribuído para uma compreensão mais profunda dessa nova geração das redes sociais.

Nosso compromisso é continuar a explorar e promover discussões construtivas sobre o Fediverso e suas implicações para o futuro da internet e da sociedade. Seu interesse e engajamento são fundamentais para impulsionar essa conversa e moldar um futuro mais inclusivo e participativo para todos.

Mais uma vez, obrigado por fazerem parte desta jornada conosco. Esperamos continuar essa jornada juntos, explorando novas ideias, desafios e oportunidades que o Fediverso nos reserva.

Com gratidão,

Marcos Guilherme

FIM

www.ingramcontent.com/pod-product-compliance
Lightning Source LLC
Chambersburg PA
CBHW070314230526
45470CB00002B/875